LE PANDA GÉANT

ÉCOLE DE LA MOSAÏQUE
6905, BOUL. MARICOURT
ST-HUBERT, QUÉBEC J3Y 1T2

Sommaire

L'édition originale de cet ouvrage
a paru sous le titre: *Giant Panda*
Copyright © Aladdin Books Ltd, 1988
28, Percy Street, London W1
All rights reserved

Adaptation française de Philippe Selke
Copyright © Éditions Gamma, Tournai, 1990
D/1990/0195/32
ISBN 2-7130-1085-3
(édition originale: ISBN 0 86313 793 8)

Exclusivité au Canada:
Les Éditions Héritage Inc.
300, avenue Arran, Saint-Lambert, Qué, J4R 1K5
Dépôts légaux, 3e trimestre 1990
Bibliothèque nationale du Québec
Bibliothèque nationale du Canada
ISBN 2-7625-6531-6

Imprimé en Belgique

ANIMAUX EN PÉRIL

LE PANDA GÉANT

Michael Bright – Philippe Selke

ÉDITIONS GAMMA – ÉDITIONS HÉRITAGE INC.

◁ Voici l'emblème du WWF
(Fonds mondial pour la nature)

▽ Un panda géant, l'hiver,
dans son habitat : la forêt de montagne.

Introduction

Le panda géant est en danger. Cet animal à la fourrure noire et blanche, à la face de clown, et qui ressemble à un ours en peluche est le symbole de la protection de la vie sauvage et plus particulièrement du Fonds mondial pour la nature, le **W**orld **W**ildlife **F**und. Mais malgré dix ans de travail de conservation sur le plan international et bien que tous soient de plus en plus conscients du problème, l'espèce est encore menacée d'extinction.

Dans la Chine ancienne, le panda géant était connu sous le nom d'ours blanc. Mais même ceux qui vivaient dans le pays des pandas apercevaient rarement l'animal. Les Occidentaux ignorèrent son existence jusqu'au jour où un missionnaire français, le père David, en découvrit un lors d'une expédition en Chine, en 1869. Sa rareté et sa fourrure firent du panda la cible préférée des chasseurs.

De nos jours, les pandas sont encore piégés illégalement pour leur fourrure. Plus grave encore, leur habitat est peu à peu détruit. Il ne reste qu'un millier de pandas géants dans la nature, et ce nombre est en constante diminution.

-1097-

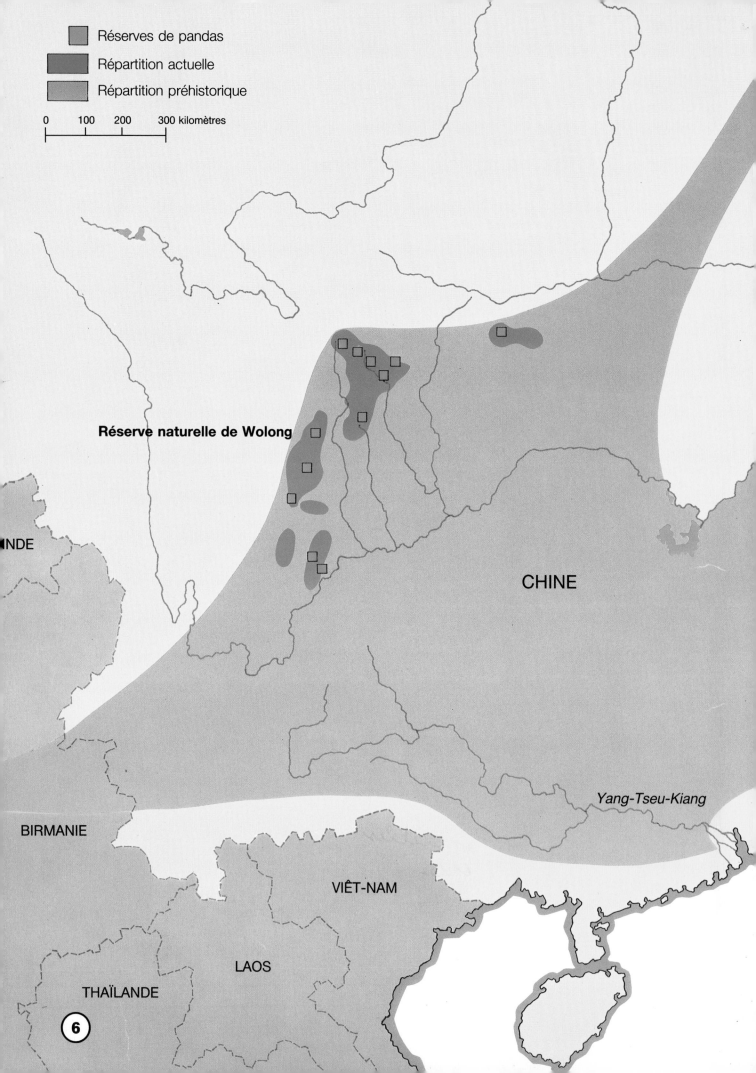

0   100   200   300 kilomètres

Réserve naturelle de Wolong

INDE

CHINE

BIRMANIE

VIÊT-NAM

LAOS

THAÏLANDE

Yang-Tseu-Kiang

6

Le panda géant dans le monde

La découverte de fossiles de pandas géants nous a appris que cet animal était autrefois largement répandu à travers toute la Chine et la Birmanie. À notre époque, ce panda vit uniquement dans les régions montagneuses de la Chine occidentale et du Tibet. L'activité humaine, notamment l'agriculture, a repoussé le panda sur les pentes boisées des montagnes. De petits groupes sont éparpillés sur une surface totale de 6 500 km^2 seulement – une très petite surface comparée à leur ancienne aire de répartition –, principalement dans les hautes montagnes et les ravins profonds de la province du Sichuan. Quelques groupes isolés subsistent vraisemblablement aussi dans les régions les plus éloignées du Tibet.

Les forêts de bambous froides et humides constituent l'habitat préféré du panda géant. Le panda se cantonne donc entre 1 500 et 4 000 m d'altitude ; il y est pris en sandwich entre les terres agricoles du bas de la montagne et les épais bosquets de rhododendrons, tout en haut. Le panda est un animal solitaire. Il se cache dans les bambous, évitant l'homme. C'est pourquoi on l'aperçoit rarement.

Pékin

Huang

MER JAUNE

Chang Jiang

Shanghai

TAIWAN

MER DE CHINE MÉRIDIONALE

◁ Cette carte montre que le panda était autrefois beaucoup plus largement répandu qu'actuellement. Quelques groupes isolés pourraient encore subsister dans de lointaines régions inexplorées.

△ Voici le pays du panda géant : Wolong, en Chine.

Le commerce des peaux

Après la découverte du père David, le panda géant devint la cible des chasseurs de gros gibier. Les peaux étaient très recherchées, particulièrement par les musées du monde entier. Néanmoins, très peu d'animaux furent abattus, car les pandas ont l'art de se cacher. En 1962, l'exportation de peaux de panda fut interdite. Mais ces peaux originales, qui font de luxueuses carpettes, continuèrent à avoir beaucoup de succès. De nos jours, les braconniers piègent les pandas et les étranglent souvent avec des collets. En 1974, on comptait 145 pandas dans la réserve de Wolong. En 1986, ils n'étaient plus que 72, la plupart des autres ayant été victimes des braconniers.

« Messieurs,
Nous avons été heureux d'apprendre que vous appréciiez et collectionniez des pièces de valeur. Nous vous signalons que nous avons reçu de Hong Kong des peaux de panda. Si vous souhaitez en acheter, n'hésitez pas à nous contacter. »

Lettre adressée en 1983 par la Ruey Pin Trading Company au musée de Birmingham, G.B.

△ Chi-Chi passa par une série de zoos européens avant de trouver une patrie à Londres. Elle est morte en 1972. Sa dépouille empaillée est exposée au British Museum, à Londres.

La rareté des pandas géants augmente inévitablement la valeur de leurs peaux. Certains estiment qu'il est de bon ton de posséder des spécimens de ce genre, et ils sont prêts à payer de fortes sommes pour en acquérir. Les peaux passent en fraude de Chine à Hong Kong, d'où elles sont expédiées vers le Japon et Taiwan. Les paysans chinois risquent d'être arrêtés; les revendeurs japonais peuvent être pris en flagrant délit par les douaniers. Pour tenir compte de ce risque, on demande donc un prix très élevé. Tentés par ces gros bénéfices, les revendeurs vont jusqu'à proposer des pandas vivants à des zoos privés.

▽ Ce commerçant vend différentes peaux. Il est rare que soit exposée une peau de panda; le vendeur risquerait d'être arrêté. En Thaïlande, à Singapour et à Hong Kong, tout ce qui a été acquis illégalement est gardé dans les arrière-salles des magasins. Des revendeurs se vantent de pouvoir procurer des peaux de panda sur demande.

La destruction de l'habitat

La Chine, qui compte environ 1 000 millions d'habitants, est le pays le plus peuplé du monde. Tous ces gens ont besoin d'espace pour vivre et de terre à cultiver. La population chinoise continuant à s'étendre, les forêts de montagne où le panda vivait autrefois en sécurité sont peu à peu détruites. Les agriculteurs déboisent de plus en plus pour créer des rizières. Les pandas sont maintenant dans l'impossibilité d'effectuer encore leurs migrations saisonnières de haut en bas et de bas en haut. Cernés d'un côté par les sommets, de l'autre par les champs, ils doivent vivre sur une étroite bande de montagne.

Partout où vit le panda, les forêts de montagne sont abattues. Dans la seule province de Sichuan, les arbres disparaissent à la cadence de 1% par an. Même dans une des plus grandes réserves de pandas, à Wolong, 14 km² de forêts ont été rasés durant les dix dernières années par des paysans.

Les autorités semblent impuissantes à stopper le déboisement qui ne cesse malheureusement d'augmenter, en dépit de tous leurs efforts. Les experts estiment que la destruction de son milieu naturel finira par causer l'extinction du panda dans la nature, l'animal n'ayant plus aucun endroit pour se réfugier.

◁ Ce village et ces cultures de légumes (en haut) sont situés au pied de la montagne, dans la province du Sichuan. De vastes étendues ont été déboisées (ci-contre) afin de fournir du bois de construction et du terrain pour les cultures.

Le panda géant n'est pas la seule espèce menacée par la destruction des forêts en altitude; 300 espèces d'oiseaux et de mammifères ainsi que 4 000 espèces connues de plantes sauvages sont également en danger.
Plusieurs de ces plantes, comme les rhododendrons, les lis et les roses, sont familières aux jardiniers occidentaux.

La floraison des bambous

L'extension constante des zones habitées et cultivées, le problème assez récent du braconnage et celui, plus ancien, du déboisement ne sont pas les seules menaces qui pèsent sur la survie du panda. La nature elle-même lui réserve parfois un coup cruel. Le panda géant se nourrit principalement de feuilles et de tiges de bambou. Or, une à plusieurs fois par siècle, selon les variétés, les bambous fleurissent, fructifient, se dessèchent et meurent. C'est une catastrophe pour les pandas, car cela peut signifier une longue famine. En effet, il faut attendre que les semences germent et que de nouvelles pousses se développent.

Parmi les quelque 700 variétés de bambous, il y en a deux que le panda préfère. L'une atteint un à deux mètres de haut et pousse dans le bas de la montagne. L'autre a pratiquement disparu, du fait du déboisement et de l'extension des cultures. Aussi, quand la première variété est en fleur, c'est un désastre pour le panda qui n'a plus rien à manger.

▽ Ce scientifique pèse des morceaux de bambou. Il essaie de savoir combien de nourriture un panda doit absorber pour rester en bonne santé.

▷ Voici la position typique d'un panda en train de manger. Ce panda mange des tiges de bambou qui ne sont pas encore totalement desséchées.

Autrefois, à chaque floraison, les pandas se déplaçaient vers une autre partie de la forêt où poussaient d'autres variétés de bambous qui n'étaient pas en fleur. Maintenant, les zones boisées, fortement réduites, sont très disséminées. Les pandas ne peuvent plus migrer en sécurité. Sans bambous, ils sont condamnés.

Durant les vingt dernières années, les bambous ont fleuri, puis sont morts, dans plusieurs réserves. Ce fut le cas vers le milieu des années 70 dans la réserve de Wolong. Fin 1987, la crise était passée, mais on dénombra malheureusement 62 pandas morts de faim.

La lutte contre le braconnage

△ Dans ces contrées vastes et lointaines, les autorités ont bien du mal à suivre la trace des braconniers.

Pour diminuer le braconnage, la surveillance des pandas est récompensée et un programme d'éducation a été mis sur pied. Les paysans apprennent notamment à respecter ces animaux si rares. Récemment, un fermier a trouvé un panda endormi dans sa bergerie. Il prit soin de ne pas le déranger. Mais plus tard, il constata que l'animal s'était enfui avec son déjeuner!

◁ Le panda est un grimpeur remarquable. Pour éviter les prédateurs, il se réfugie dans un arbre.

Les Chinois nourrissent une profonde affection pour leur animal fétiche et font tout leur possible pour sauvegarder l'espèce. Malheureusement, faute de moyens financiers, les patrouilles anti-braconnage sont trop rares. Mais la loi est sévère. Depuis 1987, les braconniers qui tuent un panda peuvent être condamnés à mort. Certains ont déjà été condamnés à la prison à vie. En 1987, 133 braconniers ont été arrêtés. Récemment, deux marins chinois, surpris alors qu'ils faisaient route vers Hong Kong avec deux peaux de panda à bord, ont été condamnés à des peines de prison et à une forte amende.

Les femelles de pandas ne se reproduisent que très lentement. Elles ne peuvent avoir un petit que tous les deux ou trois ans, et seulement à partir de l'âge de cinq ans.

Le braconnage menace sérieusement la population des pandas, déjà en déclin. En effet, à cause du braconnage, le niveau des décès pourrait excéder celui des naissances, ce qui finirait par entraîner l'extinction de l'espèce.

Un travail de recherche

◁ Les scientifiques qui étudient les pandas dans leurs forêts humides de bambous n'ont pas une vie très confortable. En hiver, il fait souvent très froid. Le brouillard est aussi très fréquent.

Tous les quarts d'heure, nuit et jour, les scientifiques contrôlent les déplacements des pandas en recueillant les signaux transmis par des colliers émetteurs placés au cou de certains animaux. Un signal lent indique que l'animal se repose tandis qu'un signal rapide indique qu'il est en mouvement ou qu'il se nourrit. Ce contrôle est permanent.

Afin d'assurer la survie du panda géant, il est nécessaire d'en savoir davantage sur son mode de vie. En 1979, la Chine, avec l'appui du Fonds mondial pour la nature (WWF), a lancé l'opération «Sauvons le panda». L'effort a surtout porté, ces dernières années, sur l'étude du panda dans son milieu naturel. Mais la chose n'est pas aisée. Les pandas sont des animaux craintifs, qui évitent l'homme. De plus, il est difficile de se déplacer dans les forêts de bambous sans se faire remarquer. En entendant les pas d'un observateur qui s'approche, les pandas se cachent. De nombreux scientifiques ont passé des mois dans cette jungle luxuriante sans même apercevoir un seul panda.

Quelques pandas qui ont pu être approchés ont été endormis et équipés de colliers qui transmettent un signal. À leur réveil, les pandas se sont enfoncés à nouveau dans les tunnels de verdure, mais, à distance, les scientifiques équipés de récepteurs portatifs peuvent suivre leur vie quotidienne. Les pandas s'habituent très vite aux colliers et se conduisent tout à fait normalement.

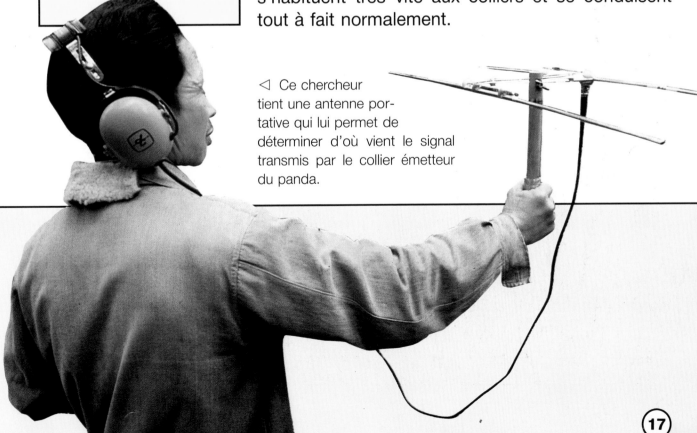

◁ Ce chercheur tient une antenne portative qui lui permet de déterminer d'où vient le signal transmis par le collier émetteur du panda.

Opérations de sauvetage

Depuis toujours, les autorités chinoises prennent des mesures pour venir en aide aux pandas quand ils sont en difficulté. Dernièrement, lors de la floraison des bambous, des centaines d'ouvriers forestiers passèrent au peigne fin les moindres recoins de la forêt. Ils attrapèrent 25 pandas mourant de faim qu'ils transportèrent là où les bambous n'étaient pas en fleur. Ils en mirent 47 autres en captivité, mais, hélas, 12 d'entre eux périrent bientôt. Les paysans, quant à eux, prélevèrent sur leurs maigres réserves alimentaires pour nourrir les pandas affamés.

▽ Le panda est attiré dans le piège (à gauche) par l'odeur de têtes de moutons en décomposition. Il est ensuite transféré dans une cage légère (à droite). Il peut aussi être pris par la patte au moyen d'un collet. Ces pièges sont légers et sûrs ; ils ne brisent pas les os, comme le font ceux des braconniers. Tous les pièges sont inspectés régulièrement deux fois par jour.

Dans les régions touchées, vingt camions du WWF apportèrent de la nourriture à quelques points de ravitaillement. Bien que le bambou soit leur aliment principal, les pandas géants acceptent de la canne à sucre, des pommes, de la viande ou des os. Dans les refuges et camps d'accueil, on donna aux pandas affamés une bouillie nourrissante à base de riz qu'ils apprécièrent aussitôt.

Un fermier trouva un panda qui était tombé d'une falaise. Il le transporta sur son tracteur jusqu'à la ville, qui était assez éloignée. Il fut récompensé pour son beau geste.

Durant la floraison du bambou, l'opération de sauvetage du panda fut soutenue dans le monde entier. Les médias lui firent de la publicité. Les enfants des écoles récoltèrent de l'argent. Une chaîne de télévision japonaise paya une forte somme pour pouvoir filmer le sauvetage des animaux en danger.

△ Un panda capturé est transporté jusqu'au centre de recherche.

△ Le centre de recherche de la réserve de Wolong

La réserve de Wolong

On compte douze réserves de pandas en Chine. Dix sont situées dans la province du Sichuan. La plus grande, Wolong, s'étend sur 200 000 hectares de forêt à 3 700 mètres d'altitude, dans les monts Qionglai. C'est là que vivent un tiers des pandas et quelque 3 000 paysans. C'est là aussi que se trouve le Centre de recherche pour la protection du panda géant et de son écosystème, fondé conjointement par le WWF et le gouvernement chinois. Le centre observe et recense les pandas de la réserve; il élève aussi des animaux captifs. On y trouve encore une clinique vétérinaire et une nurserie.

Les scientifiques centrent une grande part de leurs recherches sur l'alimentation du panda. Ils s'efforcent de trouver des substituts aux deux variétés de bambous que les pandas préfèrent. Ils plantent différentes espèces et étudient les réactions des pandas. Récemment, ils ont découvert que les pandas aimaient l'ivraie. Cela pourrait aider à nourrir les pandas quand le bambou est en fleur et à éviter ainsi des famines meurtrières.

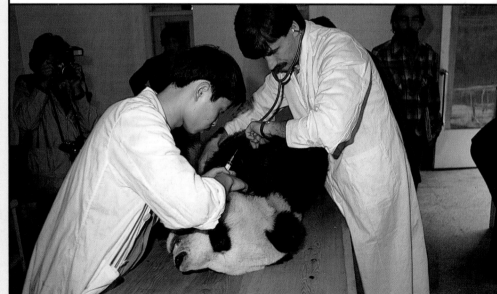

△ Des vétérinaires de Wolong soignant un panda

L'élevage en captivité peut aider à sauver le panda géant.

21

Au zoo

Avec ses airs d'ours en peluche, le panda géant a toujours beaucoup de succès dans les zoos. Malheureusement, il supporte mal la captivité. De nombreux pandas, y compris des nouveau-nés, sont morts dans des zoos.

On compte quelque 100 pandas en captivité en Chine et 18 répartis dans 8 zoos dans le reste du monde. On a longtemps pensé qu'il était utile d'en élever en captivité afin de pouvoir, plus tard, repeupler les montagnes. Actuellement, cette façon de voir est remise en question. Dans les zoos, les pandas se reproduisent difficilement. En Chine, on n'enregistre que 2 ou 3 naissances par an, souvent le résultat d'une insémination artificielle (la femelle conçoit et porte son petit sans s'être accouplée avec un mâle). Dans les zoos d'autres pays, la situation est encore plus grave. Le zoo de Mexico n'a enregistré que 4 naissances depuis 1981.

Le problème est complexe. Les femelles ne sont en chaleur que quelques jours par an. Les mâles ne sont pas souvent disposés à s'accoupler, et les bébés survivent mal en captivité. Dans la nature, par contre, le panda géant se reproduit sans problème. Il semble donc que nous ne parvenions pas à créer les conditions requises dans les zoos. Tout espoir n'est cependant pas perdu.

△ Pour assurer la reproduction, les pandas sont parfois déplacés d'un zoo à l'autre, mais les espoirs sont souvent déçus.

L'avenir du panda

Le panda géant a toujours eu beaucoup de valeur aux yeux des Chinois. Autrefois, la Chine faisait souvent don de pandas vivants aux nations amies. À l'heure actuelle, les pandas sont uniquement prêtés ou, plus exactement, loués aux zoos étrangers. L'argent ainsi recueilli sert à assurer la protection du panda. Certains s'inquiètent cependant, car l'argent en jeu pourrait entraîner la capture et l'emprisonnement dans des zoos d'un plus grand nombre de pandas.

Beaucoup d'efforts ont déjà été consentis et beaucoup d'argent a été dépensé pour le sauvetage des pandas. Jusqu'à présent, cependant, leur nombre continue à décliner. L'avenir de l'espèce est entre les mains d'un seul pays, et, hélas, il ne paraît pas très brillant. Les forêts de bambous continuent à être déboisées. Les animaux, pourtant protégés, sont encore capturés ou tués par des braconniers. Les pandas des zoos risquent d'être bientôt les seuls survivants.

▷ À moins d'un changement radical, l'avenir du panda géant paraît plutôt sombre.

« La situation du panda géant illustre les problèmes auxquels les êtres vivants sont confrontés. Tous ces problèmes sont dus au phénoménal succès d'une espèce particulière : l'*homo sapiens*. »

SAR le prince Philip
d'Angleterre,
président du WWF

▽ SAR le prince Philip d'Angleterre admire un bébé panda, en Chine.

Tout sur le panda 1

Dressé sur ses pattes pos-
térieures, le panda géant
peut mesurer 1 m 80 de
long – 70-80 cm au garrot
– et peser 100-150 kg. Le
mâle est généralement plus
grand que la femelle (de
quelque 10%). On ignore la
durée de vie du panda
géant dans son milieu na-
turel, mais les pandas captifs vivent environ vingt ans,
parfois plus.

Des marques caractéristiques

Le panda géant a une fourrure
blanche avec des membres, des
oreilles et un museau noirs, ainsi
qu'un cercle noir autour des
yeux. Les Chinois l'appellent ours
blanc: *bei-shung*. Le rôle des
marques blanches et noires si ca-
ractéristiques n'est pas bien
connu. À certains moments de la
journée, l'animal est très visible,
mais à d'autres, il se fond dans le
paysage. Certains pensent que
ces marques assurent une sorte
de camouflage à l'aube et au cré-
puscule, quand les ombres s'al-
longent dans la forêt de bambous
et que les pandas sont très actifs.
En hiver, le panda devient pratiquement invisible.

Le territoire du panda

Les pandas sont des animaux solitaires. Leur territoire couvre environ 6 km². Les territoires des femelles peuvent se chevaucher, à l'exception d'un petit coin réservé.

Plusieurs mâles peuvent partager un même domaine, mais ils veillent alors à s'éviter. Ils laissent des traces odorantes sur des pierres et des troncs d'arbres, au moyen de glandes spéciales. Les mâles ne se rencontrent que lorsqu'ils veulent conquérir une femelle.

La majeure partie de l'année, les pandas séjournent en altitude, mais, au printemps, quelques individus descendent dans la montagne pour se régaler des toutes jeunes pousses de bambous.

La vie quotidienne

Le panda géant passe environ 14 heures par jour à se nourrir et 10 heures à se reposer. Il dort de 2 à 4 heures d'affilée. Il est surtout actif au petit matin et en fin de journée, bien qu'il puisse aller au fourrage à n'importe quelle heure du jour ou de la nuit.

Parfois, les pandas grattent les arbres avec leurs griffes. Peut-être est-ce une autre façon de marquer un territoire.

Quand des pandas se rencontrent, ils se saluent par des grognements, des sifflements et des rots.

Tout sur le panda 2

Les habitudes alimentaires

Pour manger, le panda s'installe d'une manière qui ressemble fort à la nôtre. Il s'assied sur son arrière-train et porte à la bouche la tige de bambou qu'il a saisie entre ses pattes. Le bambou, maintenu fermement entre les dents, est dépouillé de son enveloppe dure. La partie centrale est réduite en morceaux par les puissantes molaires avant d'être avalée.

L'intestin est anormalement court pour un animal qui se nourrit de végétaux ligneux. Une grande partie des feuilles et des tiges y arrive non digérée. Le bambou n'est pas très nourrissant, et le système digestif du panda est si peu efficace que l'animal doit manger énormément simplement pour rester en vie. Il avale ainsi environ 18 kg de bambou par jour. Au printemps, certains individus descendent pour se régaler des jeunes pousses. Celles-ci contiennent beaucoup d'eau. Le panda doit en ingérer davantage encore: 40 kg par jour!

Les pandas ne sont pas exclusivement végétariens. Il leur arrive de compléter leur régime par un rat, des scarabées ou les restes du festin d'un léopard, quand ils en trouvent. En captivité, ils mangent de tout, du poulet au chocolat.

Bien que les bambous soient très juteux, le panda a souvent soif. C'est pourquoi il ne s'éloigne guère d'un ruisseau. Et quand il se met à boire, il a peine

à s'arrêter. Désaltéré, il s'en va en se dandinant, l'estomac gonflé par plusieurs dizaines de litres d'eau, à moins qu'il ne s'écroule au bord de l'eau, comme un ivrogne cuvant son vin.

Dans certains villages, le panda géant a été rebaptisé «ours de métal», car certains individus ont volé des ustensiles de cuisine et en ont mangé de gros morceaux, écrasant le métal avec leurs puissantes mâchoires dotées de fortes dents.

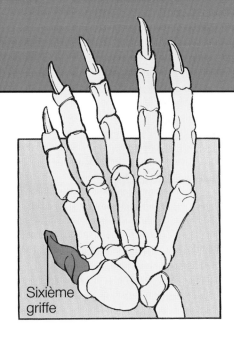

Sixième griffe

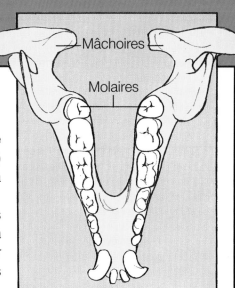

Mâchoires

Molaires

Doigts et mâchoires

Le panda a cinq doigts et une sorte de sixième griffe (à gauche) qui l'aide à tenir fermement la tige de bambou.

Les molaires larges et aplaties et les mâchoires puissantes (à droite) permettent de dépouiller et de broyer les tiges les plus coriaces.

La parade

Le panda géant est adulte vers l'âge de quatre à cinq ans. La saison des amours est le seul moment où les pandas se rencontrent. Une femelle peut attirer plusieurs mâles qui rivaliseront pour la conquérir. Les mâles peuvent s'affronter plus d'une heure sans se blesser. Ils grognent et halètent jusqu'à ce que l'un d'eux, répondant à quelque invisible signal, abandonne soudainement. La saison des amours dure de la mi-mars au début de mai, bien que la femelle ne soit réceptive que trois ou quatre jours par an. La parade comprend l'échange d'une série d'appels.

Tout sur le panda 3

Les nouveau-nés

La période de gestation peut varier de 97 à 163 jours. En août ou en septembre, la femelle cherche une tanière confortable, souvent dans le tronc creux d'un grand pin. Elle y mettra au monde deux petits, aveugles et nus, qui ne mesureront que 15 cm de long et ne pèseront que 100-150 g.

La croissance

La femelle est incapable de transporter et d'allaiter deux jeunes totalement dépendants. Souvent, elle délaisse un des nouveau-nés qui meurt bientôt. L'autre est nourri toutes les heures durant la première semaine de sa vie. Le bébé ouvre les yeux vers 6 semaines. À trois mois, il commencera à se traîner sur le sol. Il sera sevré à six mois. La mère ne s'éloigne jamais de la tanière. Le jeune serait une proie trop facile pour le léopard.

Beaucoup de jeunes pandas meurent pour des raisons inconnues. Leur organisme est souvent envahi par des vers ronds. Ceux que les prédateurs et les maladies ont épargnés peuvent vivre seuls dès l'âge d'un an environ.

Il y a 50 millions d'années environ, les ours, les ratons laveurs et les pandas avaient un ancêtre commun. Quelque 10 ou 20 millions d'années plus tard, les ours et les ratons laveurs se sont séparés. Peu de temps après, les ratons du Nouveau Monde et ceux d'Europe (petits pandas) se sont également séparés. Et il y a environ 20 millions d'années, les pandas géants se sont séparés des ours.

Quels parents proches?

Les scientifiques s'interrogent sur le point de savoir quels sont les plus proches parents du panda géant. Certains disent que le panda géant est un raton laveur (en haut, à droite), donc apparenté au petit panda (en bas). D'autres estiment qu'il doit être rangé parmi les ours (au milieu). Des chercheurs de l'Institut national du cancer et du jardin zoologique de Washington, aux États-Unis, ont recouru aux tout derniers tests biologiques qui ont révélé les différences et les ressemblances entre ces animaux. Leur conclusion est que le panda géant, ainsi qu'un enfant aurait pu le dire, est un ours noir et blanc.

Les similitudes avec le petit panda – structure des dents, forme du crâne et marques sur la fourrure – sont dues au fait que les deux animaux ont adopté des modes de vie semblables dans leur habitat himalayen.

Raton laveur

Ours brun

Petit panda

Index

Origine des photographies :
Couverture et page 13 (fond) : Ardea ; pages 4-5, 13, 14, 15, 16, 18, 19, 20, 23, 25, 26, 27,
29, 30 et 31 (en bas) : Rex Features ; pages 7 et 10-11 (en bas) : Planet Earth ; pages 8, 10-11 (en haut),
12, 17, 22 et 28 : Bruce Coleman ; page 21 : World Wildlife Fund International ; page 24 : Julian Calder ;
page 31 : Survival Anglia.

PRINTED IN BELGIUM BY

proost
INTERNATIONAL BOOK PRODUCTION